# COLLECTIONS

# JEAN DOLLFUS

Tome III

Tableaux Anciens

Objets d'Art

COLLECTIONS

DE FEU

# M. JEAN DOLLFUS

(TROISIÈME VENTE)

---

# TABLEAUX ANCIENS

**Des Écoles Primitives et de la Renaissance**

## OBJETS D'ART & DE CURIOSITÉ

**Importante Tapisserie de Bruxelles du XVIe siècle**

# CONDITIONS DE LA VENTE

Elle sera faite au comptant.

Les acquéreurs paieront *dix pour cent* en sus des enchères.

L'exposition mettant le public à même de se rendre compte de l'état et de la nature des objets, aucune réclamation ne sera admise une fois l'adjudication prononcée.

Paris. — Imp. Georges Petit, 12, rue Godot-de-Mauroi. — 22128-12.

# CATALOGUE

DES

# Tableaux Anciens

**Des Écoles Primitives et de la Renaissance**

ŒUVRES IMPORTANTES

DES ÉCOLES ALLEMANDE, FLAMANDE, HOLLANDAISE & ITALIENNE

DES XIVe, XVe ET XVIe SIÈCLES

## OBJETS D'ART & DE CURIOSITÉ

**Enluminures, Émaux de Limoges, Faïences, Bois sculptés**

BRONZES, SCULPTURES VARIÉES, ÉTOFFES

TAPISSERIES

## Très importante Tapisserie de Bruxelles du XVIe siècle

*Dépendant des*

## Collections de feu M. JEAN DOLLFUS

ET DONT LA VENTE, PAR SUITE DE SON DÉCÈS, AURA LIEU A PARIS

GALERIE GEORGES PETIT

8, RUE DE SÈZE, 8

**Les Lundi 1er et Mardi 2 Avril 1912, à 2 heures**

---

COMMISSAIRES-PRISEURS

| Me F. LAIR-DUBREUIL | Me HENRI BAUDOIN |
|---|---|
| 6, rue Favart, 6 | Succr de Me PAUL CHEVALLIER |
| PARIS | 10, rue Grange-Batelière, 10 |

EXPERTS POUR LES TABLEAUX

| M. GEORGES SORTAIS, PEINTRE | M. JULES FÉRAL |
|---|---|
| EXPERT PRÈS LE TRIBUNAL CIVIL | 7, rue Saint-Georges, 7 |
| 11, rue Scribe, 11 | PARIS |

EXPERTS POUR LES OBJETS D'ART

**MM. MANNHEIM**, 7, rue Saint-Georges.

---

EXPOSITIONS

PARTICULIÈRE : *Le Samedi 30 Mars 1912, de 1 h. 1/2 à 6 h.*

PUBLIQUE : *Le Dimanche 31 Mars 1912, de 1 h. 1/2 à 6 h.*

Salle 11 — 31700

12 - 750
19 - 1265
20 - 510
24 - 750
28 - 1250
31 - 1050
32 - 1050
36 - 760
38 - 1200

39 - 750
40 - 1150
41 - 900
49 - 3005
57 - 405
61 - 600
83 - 760
84 - 1250
96 - 850

103 - 710
109 - 1500
115 - 50

Up.

[illegible] 2000

58 - 1000
57 - 1005

# ORDRE DES VACATIONS

**Lundi 1er Avril 1912.**

| | Numéros. |
|---|---|
| Tableaux Anciens. . . . . . . . | 1 à 112 |

**Mardi 2 Avril 1912.**

| | |
|---|---|
| Objets d'art . . . . . . . . . . . | 113 à 193 |

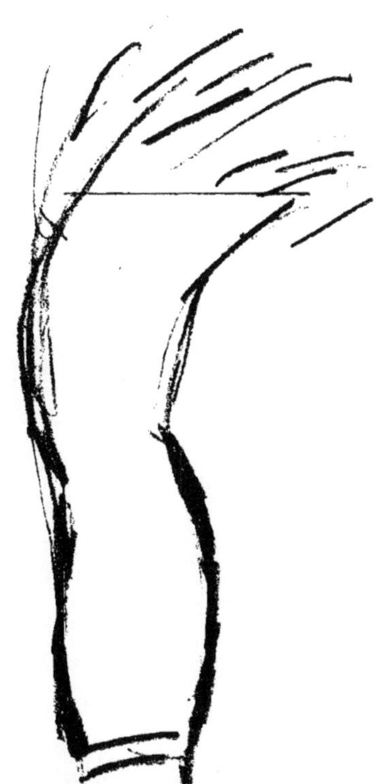

# TABLEAUX ANCIENS

## École Allemande

### CRANACH

(Lucas Sunder le Vieux, dit)

1 — *Vénus et l'Amour.*

Panneau. Haut., 99 cent. 1/2 ; larg., 37 cent.

### CRANACH

(Lucas Sunder le Vieux, dit)

2 — *Pyrame et Thisbé.*

Panneau. Haut., 57 cent. 1/2 ; larg., 39 cent. 1/2.

### CRANACH

(Lucas Sunder, dit le Jeune)

3 — *Portrait d'homme.*

Panneau. Haut., 49 cent.; larg., 41 cent. 1/2.

## CRANACH

(Lucas Sunder, dit le Jeune)

4 — *La Justice.*

Panneau. Haut., 20 cent.; larg., 15 cent.

## DURER

(École d'Albert)

PENDANT DU SUIVANT

5 — *Gaspar, l'un des rois mages, présentant un coffret.*

Panneau. Haut., 53 cent.; larg., 26 cent. 1/2.

## DURER

(École d'Albert)

PENDANT DU PRÉCÉDENT

6 — *Deux des rois mages.*

Panneau. Haut., 52 cent. 1/2; larg., 27 cent.

## ÉCOLE ALLEMANDE

(xve siècle)

7 — *Trois apôtres debout.*

Panneau. Haut., 1 m. 03 1/2; larg., 74 cent. 1/2.

## ÉCOLE ALLEMANDE

(xve siècle)

8 — *La Visitation.*

Panneau. Haut., 36 cent. 1/2; larg., 24 cent.

## ÉCOLE ALLEMANDE

(xv<sup>e</sup> siècle)

9 — *Deux saints personnages.*

Panneau. Haut., 51 cent. ; larg., 44 cent. 1/2.

## ÉCOLE ALLEMANDE

(Fin du xve siècle)

10 — *Le Christ devant Pilate.*

Panneau. Haut., 90 cent. ; larg., 63 cent.

## ÉCOLE ALLEMANDE

(Commencement du xvie siècle)

11 — *La Mise au tombeau.*

Panneau de forme cintrée.
Haut., 43 cent. ; larg., 36 cent.

## ÉCOLE ALLEMANDE

(xvie siècle)

12 — *Le Baiser de Judas.*

Panneau. Haut., 76 cent. ; larg., 52 cent.

## ÉCOLE ALLEMANDE

(xvie siècle)

13 — *Adam et Ève.*

Panneau. Haut., 33 cent. ; larg., 50 cent.

## ÉCOLE ALLEMANDE

(XVI^e siècle)

14 — *Le Christ et les douze apôtres.*

Panneau. Haut., 43 cent. 1/2; larg., 1 m. 16 1/2.

## ÉCOLE ALLEMANDE

(XVI^e siècle)

PENDANT DU SUIVANT

15 — *Figures de saints.*

Panneau. Haut., 68 cent.; larg., 41 cent.

## ÉCOLE ALLEMANDE

(XVI^e siècle)

PENDANT DU PRÉCÉDENT

16 — *Figures de saints.*

Panneau. Haut., 68 cent.; larg., 41 cent.

## ÉCOLE ALLEMANDE

(XVI^e siècle)

QUATRE PANNEAUX

17 — *L'Annonciation.*

Haut., 1 m. 58; larg., 75 cent.

18 — *La Vierge et sainte Anne.*

Haut., 1 m. 56; larg., 75 cent.

19 — *La Crèche.*

Haut., 1 m. 30; larg., 76 cent.

20 — *L'Adoration des mages.*

Haut., 1 m. 30; larg., 76 cent.

## ÉCOLE ALLEMANDE

(XVIe siècle)

21 — *Portrait d'homme à barbe grise.*

Panneau. Haut., 33 cent.; larg., 32 cent.

## ÉCOLE ALLEMANDE

(XVIe siècle)

22 — *Buste d'homme.*

Panneau. Haut., 23 cent. 1/2; larg., 20 cent. 1/2.

## ÉCOLE ALLEMANDE

(XVIe siècle)

23 — *Lucrèce.*

Panneau. Haut., 35 cent. 1/2; larg., 25 cent.

## ÉCOLE DE BALE

(XVIe siècle)

24 — *Portrait d'homme.*

Panneau de forme cintrée.
Haut., 40 cent.; larg., 30 cent.

## ÉCOLE DE COLMAR

(XVIe siècle)

25 — *Sainte Christine et sainte Brigitte.*

Panneau. Haut., 44 cent.; larg., 30 cent.

## ÉCOLE DE COLOGNE

(xv^e siècle)

### 26 — *La Présentation au Temple.*

Volet du milieu : *La Présentation au Temple.*

Panneau de gauche : *L'Adoration des Rois mages.*

Panneau de droite : *Jésus-Christ apparaissant après sa mort à sa mère.*

Panneau. Haut., 1 m. 24; larg., 1 m. 80.

## ÉCOLE DE COLOGNE

(Fin du xv^e siècle)

### 27 — *Massacre de sainte Ursule et des onze mille vierges.*

Panneau. Haut., 91 cent.; larg., 65 cent. 1/2.

## ÉCOLE DE COLOGNE

(xvi^e siècle)

### 28 — *Le Christ bafoué.*

Panneau. Haut., 66 cent.; larg. 58 cent.

## ÉCOLE DE FRANCONIE

(xv^e siècle)

### 29 — *Calvaire.*

Panneau. Haut., 99 cent.; larg., 1 m. 03 1/2.

## ÉCOLE DE FRANCONIE

(Fin du xv^e siècle)

30 — *Le Martyre de sainte Catherine d'Alexandrie.*

Panneau. Haut., 75 cent. 1/2; larg., 60 cent.

## ÉCOLE DE SOUABE

(xv^e siècle)

31 — *La Mort de la Vierge.*

Panneau. Haut., 1 m. 04; larg., 75 cent.

## ÉCOLE DE WESTPHALIE

(xvi^e siècle)

32 — *Deux panneaux.*

Bois. Haut., 26 cent.; larg., 17 cent.

## GRÜN

(Hans Baldung, dit Baldung Grün)

33 — *La Vierge et l'Enfant Jésus.*

Panneau. Haut., 94 cent.; larg., 67 cent. 1/2.

## STOER

(Laurent)

34 — *Portrait d'homme.*

Panneau. Haut., 40 cent.; larg., 34 cent. 1/2.

## STRAUCH
(Attribué à Laurent)

35 — *Portrait d'homme.*

Panneau. Haut., 38 cent.; larg., 26 cent. 1/2.

---

# École Espagnole

---

## ÉCOLE ESPAGNOLE
(xv^e siècle)

36 — *L'Exaltation de la Croix.*

Panneau. Haut., 68 cent. 1/2; larg., 68 cent. 1/2.

## ÉCOLE ESPAGNOLE
(xv^e siècle)

37 — *Ecce Homo.*

Panneau. Haut., 38 cent.; larg., 42 cent.

## ÉCOLE ESPAGNOLE
(xvi^e siècle)

38 — *La Mise au tombeau.*

Panneau. Haut., 1 m. 03; larg., 77 cent.

MORO

(École d'Antonio)

39 — *Portrait présumé de Diego Hurtado, duc de Mendoza.*

Panneau. Haut., 35 cent.; larg., 25 cent. 1/2.

RINCON

(Attribué à Antonio del)

40 — *Saint Georges, en prison, ressuscite un mort.*

Panneau. Haut., 1 m. 20; larg., 82 cent.

---

## École Française

---

ECOLE FRANÇAISE

(xvi^e siècle)

41 — *Portrait de femme.*

Panneau. Haut., 30 cent.; larg., 22 cent. 1/2.

ÉCOLE FRANÇAISE

(xvi^e siècle)

42 — *Le Baiser de la Vierge.*

Panneau. Haut., 26 cent.; larg., 40 cent.

---

# Écoles d'Italie

---

## ALBERTINELLI

(Mariotto)

43 — *Jésus et Marie de Magdala.*

Panneau. Haut., 56 cent.; larg., 47 cent. 1/2.

## ALLORI

(Angelo di Cosimo, dit le Bronzino)

44 — *L'Enfant à la pomme. (Portrait présumé de Cosme de Médicis enfant.)*

Panneau. Haut., 37 cent. 1/2; larg., 31 cent. 1/2.

## ALLORI

(Atelier d'Angelo, dit le Bronzino)

45 — *Portrait d'une princesse.*

Panneau. Haut., 95 cent.; larg., 73 cent.

## ALLORI

(Alexandre, dit le Bronzino)

46 — *Portrait de la Duchesse Anne Strozzi.*

Panneau. Haut., 73 cent.; larg., 57 cent.

## ALLORI

(Alexandre, dit le Bronzino)

47 — *Portrait d'un jeune seigneur de la famille Ridolfi.*

Panneau. Haut., 69 cent.; larg., 56 cent. 1/2.

## BOCCATI DE CAMERINO

(Jean)

48 — *La Vierge aux anges.*

Panneau. Haut., 63 cent. 1/2; larg., 42 cent.

## CRIVELLI

(Victor)

49 — *La Vierge et l'Enfant Jésus entre deux anges.*

Panneau de forme cintrée dans un cadre de style ogival flamboyant.
Haut., 1 m. 35; larg., 62 cent.

## ÉCOLE BYZANTINE

50 — *Histoire d'un saint.*

Panneau de forme cintrée entouré d'un cadre en bois sculpté.
Haut., 30 cent.; larg., 25 cent.

## ÉCOLE FLORENTINE

(Commencement du XVe siècle)

51 — *La Mort de la Vierge.*

Panneau. Haut., 44 cent. 1/2; larg., 66 cent.

## ÉCOLE FLORENTINE

(xv^e^ siècle)

52 — *Histoire de Joseph.*

(Devant de coffre.)

Panneau. Haut., 68 cent.; larg., 1 m. 49.

## ÉCOLE FLORENTINE

(xv^e^ siècle)

53 — *Mariage d'Esther et d'Assuérus.*

(Devant de coffre de mariage.)

Panneau. Haut., 43 cent.; larg., 1 m. 39.

## ÉCOLE FLORENTINE

(xv^e^ siècle)

54 — Triptyque.

Volet du milieu : *La Vierge couronnée.*

Volet de gauche : *Saint Mathieu debout tenant ouvert le livre des Évangiles.*

Volet de droite : *Saint Jean l'Évangéliste avec un ange du troisième ordre.*

Panneau du milieu :
Haut., 44 cent. 1/2 ; larg., 36 cent.
Panneaux latéraux :
Haut., 30 cent. 1/2 ; larg., 13 cent.

## ÉCOLE FLORENTINE

(xv^e^ siècle)

55 — *La Vierge et l'Enfant Jésus.*

Panneau. Haut., 77 cent.; larg., 58 cent.

## ÉCOLE FLORENTINE

(xv^e siècle)

56 — *La Vierge au milieu de saints.*

Panneau. Haut., 1 m. 57; larg., 1 m. 58.

## ÉCOLE FLORENTINE

(Fin du xv^e siècle)

57 — *Portrait d'une dame de qualité.*

Panneau. Haut., 57 cent. 1/2; larg., 44 cent.

## ÉCOLE FLORENTINE

(xv^e siècle)

58 — *La Vierge, l'Enfant Jésus et deux apôtres.*

Panneau. Haut, 1 m. 58; larg., 1 m. 39.

## ÉCOLE ITALIENNE

(xv^e siècle)

59 — *L'Adoration des Rois mages.*

Panneau. Haut., 21 cent. 1/2; larg., 30 cent.

## ÉCOLE ITALIENNE

(xvi^e siècle)

60 — *Le Calvaire.*

Panneau. Haut., 86 cent.; larg., 85 cent.

## ÉCOLE OMBRIENNE

(Commencement du XVI^e siècle)

61 — *La Vierge et l'Enfant.*

Panneau. Haut., 69 cent.; larg., 47 cent. 1/2.

## ÉCOLE TOSCANE

(Fin du XIV^e siècle)

62 — *Le Calvaire.*

Panneau de forme ogivale.
Haut., 61 cent.; larg., 33 cent.

## ÉCOLE TOSCANE

(Commencement du XV^e siècle)

63 — *Épisodes de la vie du Christ.* (Peinture pour un dessus de tabernacle.)

Panneau. Haut., 80 cent.; larg., 47 cent.

## ÉCOLE TOSCANE

(XV^e siècle)

64 — *La Vierge et l'Enfant Jésus.*

Panneau. Haut., 56 cent.; larg., 38 cent.

## ÉCOLE TOSCANE

(XV^e siècle)

65 — *La Vierge et l'Enfant à la grenade.*

Toile. Haut., 37 cent.; larg., 26 cent.

## ÉCOLE TOSCANE

(xv<sup>e</sup> siècle)

66 — *La Vierge et l'Enfant Jésus.*

Panneau. Haut., 58 cent.; larg., 38 cent.

## ÉCOLE VÉNITIENNE

(xv<sup>e</sup> siècle)

67 — *La Circoncision.*

Panneau. Haut., 1 m. 17; larg., 70 cent. 1/2.

## ÉCOLE VÉNITIENNE

(xv<sup>e</sup> siècle)

68 — *Le Christ apparaissant hors du tombeau.*

Panneau. Haut., 36 cent.; larg., 46 cent.

## GIOTTO

(École de)

69 — Triptyque.

Panneau du milieu. Haut., 54 cent.; larg., 36 cent.
Panneaux latéraux. Haut., 26 cent.; larg., 12 cent.

## GIOTTO

(École de)

70 — *Calvaire.*

Haut., 28 cent.; larg., 24 cent.

## MANTEGNA

(ANDRÉ)

71 — *Le Sauveur du monde, entouré de la Vierge, de sainte Élisabeth et de saint Jean.*

Toile. Haut., 72 cent. 1/2; larg., 45 cent.

## MAINARDI

(Attribué à SÉBASTIEN)

72 — *La Vierge et l'Enfant.*

Panneau. Haut., 71 cent. 1/2 ; larg., 41 cent.

## PARMIGIANO

(MICHEL ROCCA, dit)

73 — *Jésus et saint François d'Assise.*

Toile. Haut., 1 m. 12 ; larg., 87 cent. 1/2.

## PIOMBO

(Attribué à LUCIANO, dit SÉBASTIEN DEL)

74 — *Portrait présumé d'une princesse d'Urbino.*

Panneau. Haut., 77 cent. 1/2 ; larg., 59 cent. 1/2.

## SALVIATI

(François Rossi, dit Secco di)

75 — *Portrait d'homme.*

Panneau. Haut., 54 cent.; larg., 41 cent. 1/2.

## SANO DI PIETRO

(Ansano)

76 — *La Vierge entourée d'anges.*

Haut., 66 cent.; larg., 48 cent.

## SEMITECOLO

(Attribué à Nicolas)

77 — *Calvaire.*

Haut., 28 cent.; larg., 41 cent.

## UGGIONE

(Marco d')

78 — *Porte de tabernacle.*

Panneau du bas. Haut., 45 cent.; larg., 38 cent.
Panneau du haut. Haut., 22 cent.; larg., 39 cent.

# Écoles des Pays-Bas

---

## BRUEGHEL

(Atelier de Pierre, dit le Vieux)

79 — *Kermesse flamande.*

Panneau. Haut., 73 cent.; larg., 1 m. 02.

## CHRISTUS

(Petrus Christophsen le Vieux)

80 — *La Vierge et l'Enfant Jésus.*

Panneau. Haut., 55 cent.; larg., 31 cent.

## CORNELISZ

(Jacob van Oostsanen, dit Jacob d'Amsterdam)

81 — *Sainte Véronique de Jérusalem.*

Panneau. Haut., 50 cent. 1/2 : larg., 32 cent. 1/2.

## COXCIE

(Michel)

82 — *Crucifixion.*

Triptyque.

Panneau du milieu. Haut., 1 m. 22; larg., 80 cent.
Panneaux latéraux. Haut., 1 m. 24; larg., 36 cent.

## DAVID

(GÉRARD)

83 — *La Vierge entourée de quatre saints.*

Panneau. Haut., 95 cent. 1/2 ; larg., 1 m. 27.

## ÉCOLE DE BRUGES

(XVe siècle)

84 — *La Vierge et l'Enfant Jésus.*

Panneau. Haut., 34 cent. 1/2 ; larg., 24 cent.

## ÉCOLE DE BRUGES

(XVe siècle)

85 — *La Vierge et l'Enfant Jésus au milieu du concert des anges.* Triptyque.

Panneau du milieu :
Haut., 33 cent. 1/2 ; larg., 24 cent. 1/2.

Panneaux latéraux :
Haut., 33 cent. 1/2 ; larg., 9 cent. 1/2.

## ÉCOLE FLAMANDE

(XVe siècle)

86 — *La Vierge et l'Enfant.*

Panneau. Haut., 22 cent.; larg., 14 cent. 1/2.

## ÉCOLE FLAMANDE

(Fin du xv^e siècle)

87 — *Histoire de sainte Godelièvre.*

Grand polyptyque.

Panneau du milieu :
Haut., 1 m. 10 ; larg., 1 m. 45.
Chacun des panneaux latéraux :
Haut., 1 m. 14 ; larg., 28 cent.

## ÉCOLE FLAMANDE

(Fin du xvi^e siècle)

88 — Triptyque.

Panneau du milieu : *Adoration des Bergers.*

Volet de gauche : *L'Annonciation.*

Volet de droite : *L'Adoration des Rois mages.*

Panneau du milieu :
Haut., 62 cent. 1/2 ; larg., 50 cent. 1/2.
Panneaux latéraux :
Haut., 66 cent.; larg., 23 cent.

## ÉCOLE FLAMANDE

(xvi^e siècle)

89 — *Deux Donateurs.*

Panneau. Haut., 45 cent.; larg., 28 cent.

## ÉCOLE FLAMANDE

(xvi^e siècle)

90 — *Portrait de femme.*

Panneau. Haut., 44 cent.; larg., 34 cent.

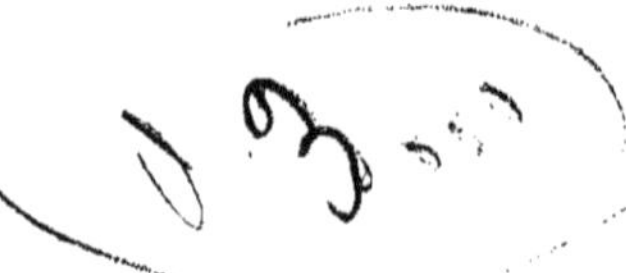

## ÉCOLE HOLLANDAISE

(xvie siècle)

91 — *Portrait d'homme.*

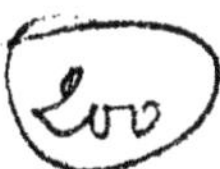

Panneau. Haut., 48 cent. 1/2 ; larg., 40 cent.

## ÉCOLE DE LEYDE

(Commencement du xvie siècle)

92 — *La Vierge et l'Enfant Jésus.*

Panneau. Haut., 76 cent.; larg., 61 cent.

## ÉCOLE DE LEYDE

(xvie siècle)

93 — *Le Repas des pèlerins.*

Panneau. Haut., 55 cent.; larg., 43 cent. 1/2.

## ÉCOLE NÉERLANDAISE

(xve siècle)

94 — *La Vierge allaitant l'Enfant Jésus.*

Panneau. Diam., 19 cent.

## ÉCOLE NÉERLANDAISE

(xve siècle)

95 — *L'Adoration des Rois mages.*

Panneau de forme cintrée.
Haut., 86 cent. ; larg., 56 cent.

## ÉCOLE NÉERLANDAISE

(xv$^{e}$ siècle)

96 — *La Présentation.*

Panneau. Haut., 64 cent.; larg., 51 cent.

## ÉCOLE NÉERLANDAISE

(Commencement du xvi$^{e}$ siècle)

97 — *La Vierge entre la Justice et la Tempérance.*

Panneau de forme à tores et plurilobée. Haut., 96 cent. 1/2; larg., 71 cent. 1/2.

## ÉCOLE NÉERLANDAISE

(xvi$^{e}$ siècle)

98 — *Sainte myrrophore.*

Panneau. Haut., 47 cent.; larg., 32 cent.

## ENGELBRECHT

(Corneille)

99 — *La Descente de croix.*

Panneau. Haut., 43 cent. 1/2; larg., 34 cent. 1/2.

## HOREBOUT

(Gérard)

100 — *L'Adoration des Rois mages.*

Panneau. Haut., 44 cent. 1/2; larg., 75 cent.

## ISENBRANDT (?)

(Adrien)

101 — *Calvaire.*

Panneau. Haut., 46 cent.; larg., 34 cent.

## MABUSE

(Attribué à Jean Gossaert, dit)

102 — *La Vierge et l'Enfant Jésus.*

Panneau. Haut., 45 cent.; larg., 32 cent.

## MABUSE

(École de Jean Gossaert, dit)

103 — *La Vierge et l'Enfant. Saint Joseph présentant une pomme.*

Panneau. Haut., 47 cent.; larg., 32 cent. 1/2.

## MATSYS

(Quentin)

DEUX PENDANTS

104-105 — *La Vierge* et *Jésus couronné d'épines.*

Panneaux. Haut., 39 cent.; larg., 30 cent. 1/2.

## MATSYS

(École de Quentin)

106 — *Le Sauveur du monde.*

Panneau. Haut., 51 cent.; larg., 32 cent. 1/2.

## ORLEY

(Attribué à Bernard van)

107 — *La Descente de croix.*

Panneau de forme cintrée.
Haut., 54 cent. 1/2; larg., 41 cent. 1/2.

## ORLEY

(École de Bernard van)

108 — *Sainte Famille.*

Panneau dont la partie haute présente
des tores et un plein cintre.
Haut., 1 m. 02; larg., 98 cent.

## PATENIER

(Attribué à Joachim)

109 — *Calvaire.*

Panneau de forme chantournée.
Haut., 52 cent.; larg., 34 cent. 1/2.

## PATENIER

(Attribué à Joachim)

110 — *Descente de croix.*

Panneau. Haut., 27 cent.; larg., 21 cent.

## POURBUS

(École de Pierre)

111 — *Portrait de Marie de Médicis.*

Toile. Haut., 60 cent.; larg., 49 cent.

## SCOREL

(Jean van)

112 — *La Vierge et l'Enfant Jésus dans un paysage.*

Panneau. Haut., 72 cent.; larg., 56 cent.

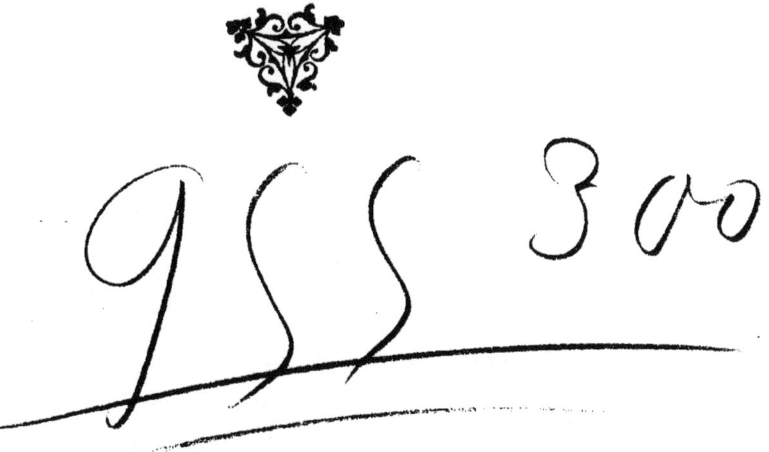

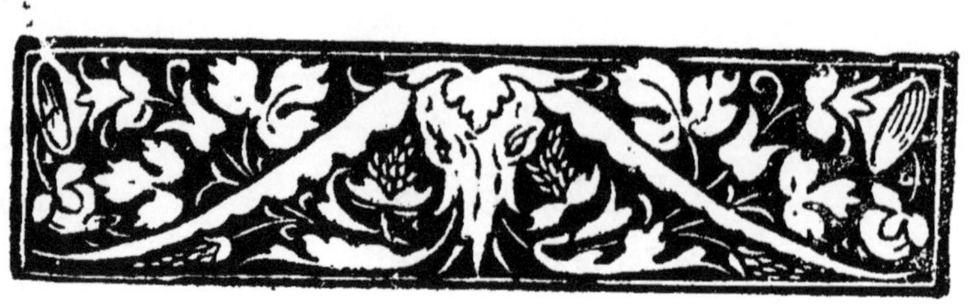

# OBJETS D'ART

## ET DE CURIOSITÉ

---

## OBJETS DIVERS

### ENLUMINURES, ÉMAUX, FAIENCES

113 — Coffret revêtu de cuir noir gravé et garni de cuivre. xvie siècle.

Larg., 18 cent.

114 — Coffret en bois et pâte, de travail italien du xvie siècle, à décor de personnages et moulures : Jugement de Pâris, Histoire de Pyrame et Thisbé.

Larg., 15 cent.

115 — Coffret à couvercle plat, en bois sculpté, entièrement décoré de larges feuilles, garnitures de fer. xvie siècle.

Larg., 23 cent.

116 — Coffret oblong à couvercle bombé, en bois sculpté, décoré sur une face de l'arbre de Jessé, sur l'autre d'un écusson d'armoiries. xvie siècle.

Larg., 20 cent.

117 — Coffret de mariage oblong en bois et pâte peints et dorés, d'ancien travail italien, à décor d'animaux et inscriptions.

Larg., 30 cent.

118 — Forces en fer, ornées de plaques de nacre, de travail italien du xvie siècle; les lames sont ornées de rosaces gravées, et les branches se réunissent sur un demi-anneau formant ressort. Étui de velours vert garni d'argent gravé.

Long., 16 cent.

119 — Petit vitrail polychrome, de travail allemand, du xvie siècle, représentant des compositions tirées de l'histoire de Jacob et d'Esaü; à la partie inférieure, une inscription et une armoirie.

Haut., 33 cent.; larg., 21 cent.

120 — Petite peinture sur cuivre de l'école d'Augsbourg, xvie siècle, représentant une femme, vue en buste, entièrement vêtue de noir et tenant un volume. Cadre en bois noir guilloché.

Haut., 11 cent.; larg., 9 cent.

121 — Bas-relief rectangulaire, atelier de Giovanni della Robia, représentant l'Annonciation; au premier plan, la Vierge et l'ange Gabriel; dans le ciel, le Père Éternel entouré d'anges.

Haut., 66 cent.; larg., 46 cent.

122 — Chien couché en ancienne terre émaillée, de Bernard Palissy; il est étendu sur une terrasse rectangulaire et porte au cou un collier.

Haut., 20 cent.; larg., 25 cent.

123 — Sept initiales avec leur texte, provenant d'un manuscrit du xie siècle; elles sont formées de rinceaux de couleur, trois d'entre elles ayant leur fond peint en or.

Haut. de la plus grande, 33 cent.; larg., 13 cent.

124 — Trois miniatures sur vélin, de travail portugais du xiiie siècle : Salomé dansant devant Hérode après la décollation de saint Jean-Baptiste; souverain suivi de nombreux personnages portant la croix de saint Antoine; saint évêque tenant une palme à la main, précédé du clergé et suivi du peuple.

Haut., 13 cent.; larg., 21 cent.
Haut., 13 cent.; larg., 12 cent.
Haut., 13 cent.; larg., 14 cent.

125 — Quatre initiales sur vélin de la fin du xive siècle, peintes sur des fonds dorés; deux d'entre elles représentent la Vierge tenant l'Enfant Jésus et le martyre d'un saint évêque, et les deux autres, plus grandes, offrent une lettre G formée par des entrelacs fleuris, et une lettre A contneant au milieu de rinceaux quatre têtes de saints religieux de l'ordre de Saint-Benoît.

Haut., 19 cent.; larg., 17 cent.
Haut., 17 cent.; larg., 17 cent.
Haut., 11 cent.; larg., 10 cent.
Haut., 11 cent.; larg., 9 cent.

126 — Grande miniature rectangulaire, provenant d'un manuscrit et représentant le buste du Christ posé sur un autel; au pied de cet autel sont agenouillés quatre personnages portant chacun un cierge. Bordure de vases, fleurs et oiseaux. Italie, xive siècle.

Haut., 35 cent.; larg., 25 cent.

127 — Miniature sur vélin, provenant d'un manuscrit et découpée en forme de bande; au centre, un emblème, entouré de l'inscription : *Opus Fratrum Minorum Conventus Cividalis Bellone.* De chaque côté, un chérubin, des fleurons, des cornes d'abondance et une figure de saint. Venise, xv$^{e}$ siècle.

Haut., 7 cent.; larg., 36 cent.

128 — Miniature sur vélin, provenant d'un manuscrit et découpée en bande; elle représente des rinceaux, des mascarons, des enfants, et chaque extrémité est ornée d'un médaillon contenant une figure de saint moine. Venise, xv$^{e}$ siècle.

Haut., 34 cent.; larg., 13 cent.

129 — Initiale sur vélin, contenant le sujet de la Visitation, sur fond de paysage, avec bordure à fond rouge. Flandres, xv$^{e}$ siècle.

Haut., 14 cent.; larg., 13 cent.

130 — Grande miniature sur vélin de travail français du xv$^{e}$ siècle : le Christ sur la croix; à droite et à gauche du crucifié se tiennent la Vierge et saint Jean. Fond bleu, orné d'arabesques.

Haut., 26 cent.; larg., 20 cent.

131 — Miniature sur vélin, provenant d'un manuscrit et représentant l'Arbre de Jessé. Cette composition se détache sur un fond de paysage avec personnages au premier plan. Flandres, fin du xv$^{e}$ siècle.

Haut., 18 cent.; larg., 13 cent.

132 — Miniature sur vélin, provenant d'un manuscrit et représentant saint Bernard tenant son âme qu'il offre à Dieu, placé dans une lettre A gothique ; au-dessus du saint, le Père Éternel entouré d'une multitude de chérubins. Fin du xve siècle.

Cadre contenant dans son fronton un petit fragment en émail peint de Limoges du xviie siècle et deux petites peintures sur cuivre.

Haut., 25 cent.; larg., 19 cent.

133 — Miniature rectangulaire sur vélin, représentant l'Enfant Jésus, debout sur les genoux de la Vierge, qui est assise, entourée de quatre angelots musiciens. Fin du xve siècle.

Cadre en bois sculpté, peint noir et doré, à armoiries et figures d'angelots, du commencement du xviie siècle.

Haut., 17 cent.; larg., 11 cent.

134 — Miniature sur vélin, représentant l'Annonciation ; en bas, le donateur et sa famille en prières ; au centre, un cartouche portant le nom : Don Philippe ; au-dessus, un écusson d'armoiries. Travail espagnol du xvie siècle.

Haut., 33 cent.; larg., 23 cent.

135 — Feuille d'antiphonaire, ornée de miniatures : la Nativité, Apparition de la Vierge à un groupe de personnages, sainte femme tenant un phylactère, et quatre sibylles debout, sous des niches. Flandres, xvie siècle.

Haut., 44 cent.; larg., 32 cent.

136 — Grand antiphonaire manuscrit, orné de nombreuses initiales enluminées, à personnages, fleurs et rinceaux; la première page présente, en outre, une bordure de fleurs, ainsi qu'une capitale contenant un sujet religieux, avec médaillon offrant un buste d'évêque à la partie inférieure. xvi<sup>e</sup> siècle. Reliure en cuivre avec gros clous de cuivre.

Haut., 62 cent.; larg., 45 cent.

137 — Initiale sur vélin, provenant d'un manuscrit et contenant une composition allégorique formée de nombreux saints entourant la Vierge. France, xvi<sup>e</sup> siècle.

Haut., 16 cent.; larg., 16 cent.

138 — Grande miniature rectangulaire sur vélin, provenant d'un manuscrit; elle représente la cérémonie funèbre d'un saint moine, entouré d'une foule d'autres moines ; au fond, un paysage avec un ange au milieu, et, à la partie supérieure, le Père Éternel recevant l'âme du saint, qui est portée sur son cercueil et est accompagnée de deux anges ; à la partie inférieure, une portée de plain-chant. xvi<sup>e</sup> siècle.

Haut., 42 cent.; larg., 27 cent.

139 — Deux grandes initiales ornées, sur vélin : l'une d'elles offre le sujet de la Présentation au Temple; l'autre, le même sujet, avec un personnage agenouillé, vêtu de noir et portant l'ordre du Saint-Esprit, au premier plan. France, milieu du xvi<sup>e</sup> siècle.

Haut., 22 cent.; larg., 21 cent.

140 — Miniature sur vélin, provenant d'un manuscrit et représentant, au centre, un baiser de paix sur lequel est peinte la Vierge portant l'Enfant Jésus et qui se détache sur un fond de paysage; bordure contenant des médaillons, des bustes, des torchères, des chérubins, ainsi qu'un écusson armorié à la partie inférieure. Italie, fin du xvi<sup>e</sup> siècle.

Haut., 31 cent.; larg., 23 cent.

141 — Miniature rectangulaire, représentant Jésus chassant les marchands du Temple, signée, à gauche, d'un monogramme. Fin du xvi<sup>e</sup> siècle.

Haut., 19 cent.; larg., 15 cent.

142 — Plaque en émail peint de Limoges, atelier des Penicaud, xvi<sup>e</sup> siècle : la Vierge et l'Enfant Jésus; la Vierge, assise, porte l'Enfant Jésus; à gauche, un ange tenant une aiguière; à droite, saint Jean-Baptiste. Encadrée.

Haut., 18 cent.; larg., 14 cent.

143 — Médaillon rond, en émail peint de Limoges, xvi<sup>e</sup> siècle, représentant l'Annonciation.

Diam., 7 cent.

144 — Médaillon ovale en émail peint de Limoges, xvi<sup>e</sup> siècle, par Nardon Penicaud. Il présente la Vierge assise, tenant sur le bras droit l'Enfant Jésus. Encadré.

Grand diam., 6 cent. 5; petit diam., 5 cent.

145 — Plaque rectangulaire en émail peint de Limoges, xvi<sup>e</sup> siècle, présentant le Christ au mont des Oliviers.

Haut., 19 cent.; larg., 17 cent.

146 — Plaque de baiser de paix en émail peint de Limoges, présentant le Christ flagellé. xvi^e siècle.

Cadre en bois noir, garni d'appliques en argent repoussé.

Haut., 7 cent.; larg., 5 cent. 5.

147 — Plaque de baiser de paix en émail peint de Limoges, xvi^e siècle, présentant la Vierge et saint Joseph en prières devant l'Enfant Jésus, étendu à leurs pieds.

Haut., 9 cent.; larg., 7 cent. 5.

148 — Plaque de baiser de paix en émail peint de Limoges, xvi^e siècle, atelier de Jean de Court. Elle présente le Christ en croix, ayant à ses côtés la Vierge et saint Jean.

Haut., 13 cent.; larg., 9 cent.

149 — Deux plaques en émail peint de Limoges, xvi^e siècle, atelier de Couly Noylier, et présentant : l'une, la Pentecôte ; l'autre, la Résurrection. Dans un même cadre.

Haut., 28 cent.; larg., 19 cent.

150 — Diptyque présentant deux plaques en émail peint de Limoges, xvi^e siècle, et offrant : l'une, le Calvaire, composition de nombreux personnages richement vêtus ; l'autre, la Vierge en prières devant le corps du Christ étendu sur le suaire. Fond de paysage. Encadrées.

Haut., 19 cent.; larg., 15 cent.

151 — Petit volet de diptyque en ivoire sculpté, présentant la Visitation. Époque romane.

Haut., 5 cent. 5; larg., 3 cent. 5.

152 — Volet de diptyque, en ivoire sculpté, de travail français du xiv^e siècle, présentant, sur une triple arcature gothique, le Christ en croix, entouré de la Vierge, de saint Jean et de divers personnages.

Haut., 9 cent. 5; larg., 6 cent.

153 — Petit volet de diptyque en ivoire sculpté du xv^e siècle, présentant la Vierge debout, tenant l'Enfant Jésus, et accompagné de sainte Catherine.

Haut., 4 cent.; larg., 2 cent. 5.

## BRONZES

154 — Grand lustre en dinanderie du xvi^e siècle, avec figure et cartouche portant les noms : *Ioannes Krebs, Ioannes Iacobvs Bennger, Ioannes Marolt, Ioannes Öst Erbelcher.*

155 — Deux statuettes en bronze patiné, représentant : l'une, Bacchus nu, debout, couronné de pampres; l'autre, Cérès, également nue, tenant des gerbes. Travail italien du xvi^e siècle.

Haut., 32 cent.

156 — Statuette en bronze doré, de saint Georges à cheval, menaçant de sa lance le dragon qui rampe à ses pieds. Fin du xvi^e siècle. Base en bronze patiné.

Haut., 24 cent.

# BOIS SCULPTÉS

157 — STATUETTE en bois sculpté, représentant saint Michel debout, portant l'armure en usage au XVe siècle, et tenant son glaive du bras droit levé au-dessus de la tête. France, XVe siècle.

Haut., 1 m. 25.

158 — STATUETTE en bois sculpté, peint et doré, représentant saint Michel debout, armé de toutes pièces, menaçant le dragon étendu à ses pieds ; il tient du bras gauche une targe. Travail français de la fin du XVe siècle.

Haut., 60 cent.

159 — STATUETTE en bois sculpté, représentant saint Sébastien, le corps en partie couvert d'une draperie et lié à l'arbre. Allemagne, fin du XVe siècle.

Haut., 1 m. 14.

160 — HAUT-RELIEF en bois sculpté, peint et doré, représentant sainte Anne et la Vierge avec l'Enfant Jésus, assises sous une niche d'architecture gothique. Travail allemand ou flamand du commencement du XVIe siècle.

Haut., 55 cent.; larg., 39 cent.

161 — STATUETTE en bois sculpté, peint et doré, représentant saint Michel debout, portant l'armure complète et perçant de sa lance le dragon étendu à ses pieds. Travail français du commencement du XVIe siècle.

Haut., 56 cent.

162 — STATUETTE en bois sculpté, peint et doré, représentant sainte Agnès debout, richement vêtue, coiffée d'une couronne, ayant à ses pieds le dragon. Commencement du XVIe siècle.

Haut., 40 cent.

163 — GROUPE-APPLIQUE en bois sculpté, représentant la Pietà; le Christ est étendu au premier plan, la Vierge et saint Jean le soutiennent, tandis que deux personnages et trois saintes femmes contemplent la scène. Allemagne, commencement du XVIe siècle. Support en bois sculpté.

Haut., 27 cent.; larg., 29 cent.

164 — TRIPTYQUE en bois sculpté, peint et doré, présentant la Crèche; la Vierge, agenouillée, est en prières devant l'Enfant Jésus, étendu sur une draperie, soutenue par trois angelots; sur le côté, saint Joseph est occupé à préparer le repas.

Les volets, décorés de peintures, offrent le sujet de l'Adoration des mages et celui de la Circoncision. Allemagne, commencement du XVIe siècle.

Haut., 60 cent.; larg. (ouvert), 1 m. 03.

165 — BAS-RELIEF rectangulaire en bois sculpté, peint et doré, présentant la Flagellation; le Christ, lié à la colonne, est placé entre les deux bourreaux, qui le frappent, l'un d'un fouet, l'autre de verges. A la partie inférieure, une inscription à demi effacée. XVIe siècle.

Haut., 82 cent., larg., 65 cent.

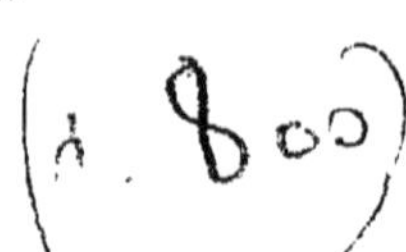

166 — Coffre en bois sculpté, décoré, en bas-relief, de sujets religieux, séparés par des statuettes-appliques ; en haut, une frise de rinceaux et de personnages. Les faces latérales présentent, l'une de larges cartouches contenant des mascarons et des fruits, l'autre, une figure couchée dans un médaillon. xvi$^{e}$ siècle.

Haut., 78 cent.; larg., 1 m. 45.

167 — Statuette équestre en bois sculpté et peint, représentant saint Martin donnant au mendiant la moitié de son manteau. xvi$^{e}$ siècle.

Haut., 73 cent.

168 — Statuette équestre en bois sculpté, représentant saint Georges, monté à cheval, perçant de sa lance le dragon étendu à ses pieds ; auprès du cheval, la fille du roi de Lydie en prières ; le saint est armé à l'antique. xvi$^{e}$ siècle.

Haut., 83 cent.

169 — Pièce d'échiquier en bois sculpté, représentant un souverain en costume d'apparat et monté sur un cheval richement caparaçonné. xvi$^{e}$ siècle.

Haut., 10 cent.

170 — Bas-relief de forme rectangulaire, en bois sculpté, peint et doré, présentant un saint moine portant les stigmates et à qui apparaît une croix sur laquelle un angelot est crucifié ; derrière le saint moine, un autre moine endormi. Fond de paysage. A la partie inférieure, une inscription à demi effacée. xvi$^{e}$ siècle.

Haut., 82 cent.; larg., 65 cent.

171 — Deux petits bas-reliefs rectangulaires en bois sculpté, présentant des combats de cavaliers et de fantassins armés à l'antique. xvie siècle.

Haut., 7 cent.; larg., 14 cent.

172 — Grand groupe en bois sculpté, peint et doré, représentant saint Georges, armé de toutes pièces, monté à cheval et perçant de sa lance le dragon étendu à ses pieds, pour délivrer la fille du roi de Lydie, qui est agenouillée en prières sur un rocher. Travail hongrois, xvie siècle.

Haut., 1 m. 17; larg., 1 m. 20.

173 — Bas-relief rectangulaire en bois sculpté, peint et doré, présentant la Vierge en prières, agenouillée dans l'étable, devant l'Enfant Jésus étendu à ses pieds sur une draperie. Travail allemand du xvie siècle.

Haut., 1 m. 29; larg., 1 m. 20.

174 — Groupe minuscule en bois sculpté, représentant Adam et Ève au Paradis terrestre; il est contenu dans une petite boîte. Travail allemand du xvie siècle.

Haut., 4 cent.; larg., 3 cent.

175 — Statuette-applique en bois sculpté, peint et doré, représentant un saint chevalier debout, portant l'armure complète, tenant de la main droite un glaive, de la gauche un reliquaire, et ayant à ses pieds un lion couché. Allemagne, xvie siècle.

Haut., 58 cent.

176 — Chef-reliquaire en bois sculpté, peint et doré, en forme de buste de sainte femme, portant une tunique sur laquelle est passée une draperie dorée. Travail espagnol du xvie siècle.

Haut., 59 cent.

177 — Statuette-applique en bois sculpté, représentant saint Georges à cheval, armé à l'antique, transperçant de sa lance le dragon qui rampe sous le cheval. Fin du xvie siècle.

Haut., 37 cent.

178 — Bas-relief de forme rectangulaire, en bois sculpté, représentant l'Assomption de la Vierge : la Vierge debout, sur le croissant, les mains jointes, est entourée de six angelots, dont deux supportent sa couronne, et les quatre autres l'enlèvent vers le ciel. Fin du xvie siècle.

Haut., 72 cent.; larg., 46 cent.

179 — Statuette-applique en bois sculpté, peint et doré, présentant saint Michel debout, portant l'armure complète recouverte d'un ample manteau ; il tient de la main droite sa lance.

Haut., 1 mètre.

## SCULPTURES VARIÉES

180 — Buste en marbre blanc, grandeur nature, de jeune fille, la tête légèrement tournée vers l'épaule droite, les épaules nues, une natte lui bordant le front et divisant sa chevelure en deux parties. Travail phénicien antique.

Haut., 37 cent.

181 — Haut-relief en pierre sculptée, peinte et dorée, présentant le Christ en croix entre la Vierge et saint Jean. Cette composition est placée sous un dais d'architecture gothique. Commencement du xvi^e siècle. Encadré.

Haut., 50 cent.; larg., 36 cent.

182 — Haut-relief sans fond, en pierre lithographique, représentant saint Michel, les ailes déployées, et menaçant de son glaive flamboyant les démons qu'il foule aux pieds; sur sa targe est inscrite la légende : *Quis ut Deus*. Travail de Bavière, xvi^e siècle.

Haut., 43 cent.

# ÉTOFFES

183 — Chasuble en velours rouge ciselé, à dessin de grenades, avec orfroi en broderie de soie et d'argent doré, à dessin de figures de saints debout, sous des niches. Travail italien du xv^e siècle.

Larg., 70 cent.

184 — Deux petits panneaux en velours ciselé, à ramages rouges, bouclés d'argent doré, composés d'une fleur de lis et de fleurons sur fond jaune. Italie, xvi^e siècle.

Long., 1 m. 70; larg., 55 cent.

185 — Chasuble en velours ciselé, à fleurs violettes sur fond jaune. Italie, xvi^e siècle.

Larg., 70 cent.

186 — Petit panneau rectangulaire, en velours rouge avec applications, présentant le monogramme du Christ, un motif en forme de croix, ainsi que des fleurons. xvie siècle.

Haut., 79 cent.; larg., 54 cent.

187 — Chasuble en velours vert, avec applications de dentelle d'argent. Fin du xvie siècle.

Larg., 65 cent.

## TAPISSERIES

188 — Très importante tapisserie de soie et de laine, tissée d'or, des ateliers de Bruxelles, d'après Bernard van Orley, xvie siècle : *Le Calvaire.*

Haut., 3 m. 50; larg., 3 m. 50.

189 — Grande tapisserie française de la fin du xve siècle, présentant de nombreux personnages armés et vêtus richement, tirés de l'Histoire de Troie, avec l'indication de leurs noms en latin et en français. Fond d'architecture, avec cavalier au premier plan. En haut et en bas, légendes françaises et latines.

Haut., 4 m. 65; larg., 2 m. 80.

190 — Tapisserie flamande du xvie siècle, présentant une scène de chasse à l'auroch. Au premier plan, des autruches, un dindon, etc. Au fond, des chaumières, un moulin, un château, des collines. Bordure jaune à personnages, oiseaux, fleurs et fruits.

Haut., 3 m. 45; larg., 3 m. 20.

191 — TAPISSERIE française de la fin du XVIe siècle, à sujet tiré de l'Histoire de Gombaut et Macée. Composition de nombreux personnages dans un paysage, avec légendes françaises. Bordure rose à fleurs, fruits, vases, instruments de musique, ustensiles, etc.

Haut., 3 m. 40; larg., 3 m. 80.

192 — TAPISSERIE parisienne de la fin du XVIe siècle, à sujet tiré de l'Histoire de Renaud et Armide, sur fond de paysage avec fontaine. Bordure bleue, chargée de rinceaux et de médaillons contenant des têtes d'empereurs romains et des attributs.

Haut., 3 m. 33; larg., 2 m. 55.

193 — TAPISSERIE italienne du commencement du XVIIe siècle, présentant une treille ornée de cariatides et auprès de laquelle de nombreux enfants se livrent à des jeux variés. Sur le haut de la treille, d'autres enfants cueillant du raisin. Fond de paysage accidenté.

Haut., 2 m. 35; larg., 2 m. 75.

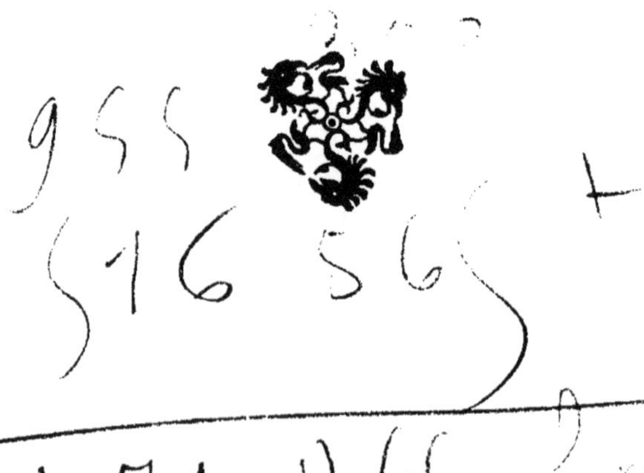